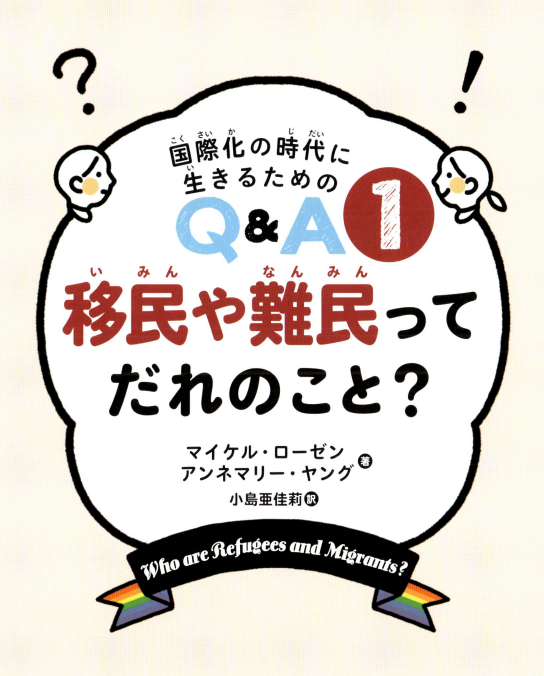

国際化の時代に生きるための
Q&A ①
移民や難民ってだれのこと？

マイケル・ローゼン
アンネマリー・ヤング 著
小島亜佳莉 訳

Who are Refugees and Migrants?

創元社

Who are refugees and migrants? What makes people leave their homes? And other big questions
by Michael Rosen and Annemarie Young

Text Copyright ©Michael Rosen and Annemarie Young, 2016
Japanese translation rights arranged with HODDER AND STOUGHTON LIMITED on behalf of Wayland, a division of Hachette Children's Group through Japan UNI Agency, Inc., Tokyo

目次

どうしてこの本を読むの？	4
難民や移民って誰のこと？	6
わたしの体験：マイケル・ローゼン	8
わたしの体験：アンネマリー・ヤング	10
どうして人々は生まれた国を出るの？	12
わたしの体験：マズーン・アルメレハン	16
難民や移民はどのように移動するの？別の国に行くとなにが起こるの？	18
わたしの体験：オミッド・ジャリリ	22
移民の歴史	24
難民や移民はどんな権利を持っているの？	28
わたしの体験：メルテム・アヴシル	30
どんな言葉を使うかは大切？	32
文化ってなに？ どうやって共有するの？	34
文化と人々を切り離すとどうなる？	37
わたしの体験：ベンジャミン・ゼファニア	40
あなたならどうする？	42
あなたはどう考える？	44
用語集	46
索引	47

色付きの文字の説明は46ページにあります。

どうしてこの本を読むの？

この本の目的は、これからわたし達が投げかける疑問について、あなたに考えてもらうことです。その疑問とは、次のようなことです。「どうして人々は自分の家を離れなければいけないの？」「彼らになにが起こったの？　そして別の国にたどり着いた時、彼らはどうなるの？」

最近テレビ、ラジオ、新聞などでは、「難民」「移民」「難民申請者」がよく話題になります。ボートに大勢の人がぎゅうぎゅう詰めになり、時には目的地にたどり着くまでに命を落としてしまう……。そんな危険を冒して海や川を渡る人々の写真を見たことがあるでしょう。「密入国」という言葉も聞いたことがあるかもしれません。ある場所から逃げ出すために、トラックや飛行機、車などに身を隠して、別の国に入ることです。

こうしたできごとを受けて、重要な議論があちこちで起こっています。難民や移民と呼ばれる人々をどうすればいいのか。また、彼らを受け入れる国々は、なにをすればいいのか。

しかし中には、これらの問題に対して十分に理解しないまま議論をしている人もいます。この本には、あなたが自分で考え、自分の意見を持つために、知っておいてほしいことが詰まっています。人が国境を越えて別の場所に移り住むとはどういうことなのか。この本はそれを理解する手助けになります。

この本のはたらき

まず大切なのは言葉の定義です。国際連合の加盟国が合意する「国際法」では、「難民」「難民申請者」などの言葉の定義が定められています。しかしこの本では、もっと広く「移民」という言葉がなにを意味するのかを考えていきます。そして実際にそれを経験した人々のお話も紹介します。

また先ほどの問いかけに加えて次のような疑問も出てきます。「なぜ人々はふるさとの国を離れるの？」「どのような旅をするの？　別の場所にたどり着いた時にはなにが起こるの？」「昔から人々は国境を越えて移動していたの？」「文化ってなに？　どうやって違う文化をわかり合うの？」

そして1948年に発表された「世界人権宣言」にあるはじめの14条を紹介します。同時に、国連難民高等弁務官事務所（UNHCR）の取り決めによって「難民の地位」はどう考えられているのか、見ていきます。

この本には、自分の体験について話してくれる人々が登場します。マズーン・アルメレハン、ベンジャミン・ゼファニア、メルテム・アヴシル、オミッド・ジャリリ、その他自分も難民や移民だという人々です。また、ベンジャミンの「難民というわたしたち」という詩の一部も紹介します。

あなたはこの本で、たくさんの問いかけにであいます。この本を読み終わる頃には、きっと次のようなことを考えられるようになるはずです。「もし自分が、ここに出てきた難民や移民の人々と同じような状況にあったら、どうする？」そして、「もし自分が『人権宣言』を書くとしたらどんなことを書く？」各章に出てくる「考えてみよう」は、それらを考えるために役立つでしょう。

オミッド・ジャリリ
➡22ページ

マズーン・アルメレハン
➡16ページ

メルテム・アヴシル
➡30ページ

ベンジャミン・ゼファニア
➡40ページ

「難民はわたし達と同じ人間です。誰しもが持つ感情、夢、目標などを、彼らも同じように持っています。彼らが国を出て、難民として支援を求めるのは、そうせざるをえないからです。ふるさと、家族、友達と離れ、時には命がけの危険な道のりを旅しながら全く知らない土地に移り住む——。これは決して簡単なことではありません。

人々の中には、難民はよそから来た犯罪者だと言う人がいます。『彼らはわたし達の未来を脅かしている』と言う人もいます。しかし難民はみな、社会の一員として責任や役割を持ち、いきいきと自立して生活したいと思っています。そのことに、すべての人が気づいてほしい。彼らを『悪もの』のように見てしまっては、この問題を理解することはできないでしょう」

アフガニスタン出身のモハマド・ラザイ博士（現在はイギリス在住の医者、医学研究者）

考えてみよう

あなたは家族や親戚、そのまた両親達がどこで生まれ育ったのかを知っていますか？　どれくらい昔までたどることができますか？　家族や親戚の名前と、生まれた場所を書き出してみてください。

なぜあなたの家族や親戚は引っ越しをしたのでしょうか？　その理由はわかりますか？

難民や移民って誰のこと？

「難民」、「移民」、「難民申請者」など、いろいろな言葉を聞いたことがあると思います。これらの言葉が意味することはなんでしょうか。これらの言葉の違いは？　どの言葉を使うかは、重要なこと？「難民」や「移民」について、国際連合によって決められた定義があります。

国際連合と国際法

国際連合は、1945年、第二次世界大戦後すぐに設立されました。そこでの緊急の課題は、戦争で生まれた大勢の難民をどうするかということでした。国際連合が設立された目的は、「第二次世界大戦のような悲惨な戦争を二度と繰り返さないために、国家間がもっと協力するため」です。国際連合は、国家間の関係を作る国際法の発展にも貢献しました。

考えてみよう

テレビや新聞では、難民や移民についてどのように話されていますか？　そこで見聞きしたことからあなたはどのような印象を受けますか？

国内の法律

国内でどのように移民や難民に対処するかは、それぞれの国によって決めることができます。そのためそれぞれの国に、移住や移民、難民について独自の法律があります。ただしそれらの法律は国際法を尊重しなければいけません。

難民の法的な定義

国連難民高等弁務官（UNHCR）の1951年の条約による難民の定義

「人種、宗教、国籍もしくは特定の社会的集団の構成員であること、または政治的意見を理由に迫害を受けるおそれがあるという十分に理由のある恐怖を有するために、国籍国の外にいる者であって、その国籍国の保護を受けることができない者、またはそのような恐怖を有するためにその国籍国の保護を受けることを望まない者……」

難民の定義（UNHCRのウェブサイトより）

「庇護申請者（難民申請者）とは、自身の故郷から逃れて、他の国の避難所にたどり着き、その国で庇護申請をおこなう人々のことをいいます。庇護されると、難民認定や法的保護、援助物資を受けることにつながります」

「難民」か「移民」か？
どうして言葉を使い分けるの？

難民とは、紛争や迫害から逃れるため、また自国にとどまれば危険にさらされるために、自国を離れる人々のことです。

移民とは、別の国に移住することを選んだ人々です。その理由は迫害や死の危険ではありません。移民の多くは、別の国で仕事を探してより良い生活を送るために移住します。その他にも、教育を受けるため、家族や親戚といっしょに暮らすためなどさまざまな理由があります。貧困などから逃れるために国を離れたのに、移り住んだ先でも仕事が見つからなかったり貧困に陥ったりすることもあります。しかし移民は、難民とは違って、またもといた国に帰ることもできます。

では、「難民」と「移民」という言葉を使い分けることは重要なのでしょうか？ UNHCRのエイドリアン・エドワーズは次のように言います。

「難民と移民、二つの言葉の使い分けを間違えると、難民が国の保護を必要としていることを見落としてしまいます。それは難民の生活や安全、命に関わる大きな問題です。

わたし達はすべての人間を尊重しなければなりません。移民の人権が守られるべきなのはもちろんです。しかしそれと同時に、難民となった人々が直面している緊急の事態に対して、適切に対処しなければならないのです。

そのため、UNHCRでは、例えば海を渡って大勢の人々が別の国にたどり着いた時、その人々を指すのに『難民と移民』という表現を使います。その大勢の中には、難民と移民、そのどちらも含まれていると考えるからです。しかし国境を越えて、戦争や迫害から逃れてきた人々を指す時には『難民』という言葉を使います。同じく国境を越えて来た人々の中でも、その理由が『難民』の定義にあてはまらない人々を指す時には『移民』という言葉を使います。わたし達はみなさんにもそういった言葉の違いについて考えてほしいと思っています。どんな人をどのように呼ぶか、その言葉の選択はとても大切なことなのです」。

▲ 難民と移民を乗せた救命ボートがギリシャ・レスボス島の海岸にたどり着いた。

わたしの体験

マイケル・ローゼン

わたしはイギリスのロンドンで生まれ、それからずっとロンドンに暮らしています。しかしわたしの家族や親せきの多くは難民や移民でした。その中には、迫害されて国を離れた人もいます。

わたしの先祖がどこで生まれ、どのように他の国に移り住んだのか、それはとても複雑です。彼らはアメリカやヨーロッパの国々を行き来していました。

世界中に散らばったわたしの家族

わたしの父はアメリカ合衆国のマサチューセッツ州で生まれ、3歳の時にイギリスのイングランドという地域に移り住みました。父方の祖父はモリスと言って、十代の頃にポーランドからイングランドの街ロンドンにやって来たそうです。モリスはロンドンで父方の祖母、ローズに出会いました。そして2人はいっしょになり、男の子が2人生まれてロンドンからアメリカに移り住みました。

しかしその後ローズとモリスの関係がうまくいかなくなると、ローズはアメリカで生まれたわたしの父とその妹、そして幼い弟をつれてイングランドに戻りました。モリスはイングランドで生まれた2人の息子とともに、アメリカに残りました。つまり、アメリカで生まれた子ども達はイングランドに移り、イングランドで生まれた子ども達はアメリカに残ったのです！

わたし達の家族はポーランド、イングランド、アメリカを移動しました。祖母のローズはイングランドのニューカッスルで生まれましたが、ローズの両親はポーランドで生まれました。ローズの兄弟と叔父は、南アフリカに移住しました。

ではわたしの母のほうの家族はどうでしょう。わたしの母方の祖母はアニーと言って、現在のルーマニアのブコヴィナという場所で生まれました。母方の祖父フランクはイングランド出身で、彼の両親はポーランド出身です。

わたしが感じたこと

子どもの頃は、アメリカ人の父を持つ自分は人より特別だと思っていました。両親がポーランドのことを話すと、知らない遠い国のことで、なんだかわくわくしました。でも、わたしがそれを友達に話すことはありませんでした。なぜかと言うと、自分が「外国人」のように思えたからです。当時1950年代のイングランドにおいて「外国人」であることは、あまり安全とは言えませんでした。

このような移動はなぜ起こる？

わたしのひいおじいさんやひいおばあさんは、8人ともみな難民です。彼らがもといた場所を離れたのは「ポグロム」と呼ばれる、特定のグループの人々に対する迫害や虐殺があったからです。彼らはユダヤ人であることを理由に攻撃の対象になりました。

わたしの祖父モリスの兄弟、姉妹はみなポーランドで生まれました。その中の1人はアメリカへ、2人の兄弟はフランスに移りました。しかしフランスへと移り住んだ2人は第二次世界大戦中にポーランドのアウシュビッツ強制収容所に送られ、そこで殺されました。姉妹の1人はポーランドに残りましたが、その後はわかりません。同じく戦争中に亡くなったのだと思います。どうやって亡くなったのか、誰も知りません。彼女の息子マイケルは、侵攻軍からロシアに逃げ出し、そこで捕まってしまいました。しかしその後はポーランド自由軍に入り、中東や北アフリカの各地を経てイタリアへ、そして最後にはロンドンにたどり着き、わたしの父の姉妹の1人の家で生涯を終えました。

「このような人の移動について見ていくと、わたし達はみな大きな一つの世界の市民であると感じます。そして、今いる国を離れて別の国に移り住むことは、誰にでも起こりうるのだと感じます」

考えてみよう
どんなことが起こったら、あなたは今いる国を離れたいと思いますか？

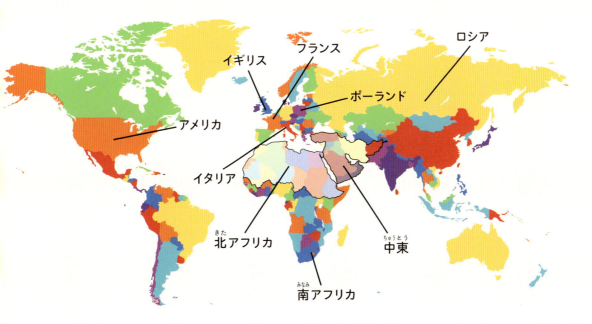

イギリス　フランス　ロシア　ポーランド　アメリカ　イタリア　北アフリカ　中東　南アフリカ

わたしの体験

アンネマリー・ヤング

わたしの祖父母4人はみんな移民か、もしくはその親が移民で、わたしの両親も移民の子どもです。母方の祖母は、家族とともにロシアのサンクトペテルブルクからオデッサに移り住みました。その後はエジプトのアレクサンドリアやカイロにも。母方のひいおじいさんとその家族はパレスチナのアッコからカイロに移りました。父方の祖母はイタリアのナポリからカイロへ。父方の祖父はカイロで生まれましたが、父方のひいおじいさんはスコットランド人の鉄道運転手で、父方のひいおばあさんはギリシャ人です。わたしの両親はどちらもカイロで生まれ、1949年にはオーストラリアに移住しました。

そしてこのわたしも、移民なのです！　わたしの生まれはオーストラリアですが、20代の頃に国を離れ、今はイギリスのケンブリッジに住んでいます。

あなたは「なにじん」なの？

子どもの頃はオーストラリアのアデレードで育ちました。1950年代から1960年代のことです。その時、わたしはよく尋ねられました。「それで結局あなたは『なにじん』なの？」と。他の子ども達は、わたしの家族が移民であることを知っていました。その頃そういった移民は「ニューオストラリアン（新オーストラリア人）」と呼ばれていました。

他の子ども達はわたしに「あなたの両親はどこから来たの？」と尋ねます。彼らは「どこどこだよ」とすぐに答えられると思っていたのでしょう。でも、そんなに簡単に答えられることではありませんでした。わたしの両親はエジプトから来ましたが、家ではいつもフランス語を話していました（これにはまた別のお話があるのです！）。わたしの両親は「エジプト人」とも「フランス人」とも言い切れないのです。さらにややこしいことに、彼らはイギリスのパスポートを持っていました。だからといって「イギリス人」とは言えないでしょう。こうして考えると、わたしの両親は「なにじん」なの？　わたしは「なにじん」？　という質問がどれほど難しいかわかるはずです。

小さい時も、10代になっても、わたしは自分が何者なのか、はっきりとわかりませんでした。わたしの苗字「ヤング」はスコットランドによくある名前ですが、そこからは家族の背景にあるさまざまな国は見えてきません。

だからよく、イギリスに祖先を持つオーストラリア人のふりをして、ややこしいことを考えないようにしていました。しかし改めて両親を見てみると、どう見てもそうではないのです。わたしの両親は見た目も、そして話す言葉を聞くとさらにはっきりと、「外国人」に思えました。そのためわたしは、いつも自分がこの国の人ではないような、不思議な感じがしていました。

両親は幸いにも自分達がこの国に受け入れられていると感じていました。しかし当時は彼らのようにさまざまな背景を持つ人々に対して、警戒する空気がありました。わたしが大学生になる頃にはそういった空気は変わって、わたしの「普通とは違う」背景も受け入れられるようになりました。その頃から、わたしは自分のことを恥ずかしいと思わなくなりました。オーストラリアを出ることを考え始めたのもその頃です。その後10年間、わたしはいろんな国を旅し、実際にいろんな場所に住んでみました。そして最終的に、自分が住みたい場所はイギリスだと確信したので、イングランドに移住しました。

世界にはいつも国境を越えて移動する人々がいた

わたしの家族や親せきがどこで生まれ、どこに移り住んだのか――。彼らの移動について考える時、いつも頭から離れないことがあります。その頃、国境や国籍というものは、そんなにきっちりと決められたものではなかったのです。ひとりひとりを「なにじん」という一つの定義にぴったりあてはめることは、簡単ではなかったのです。

19世紀、そして20世紀のはじめ頃に、わたしのひいおじいさんとひいおばあさんはエジプトにやって来ました。その頃エジプトは**オスマン帝国**の一部で、ヨーロッパ中から来た人々が、ふるさとから遠く離れてそこに暮らしていました。
その頃人々は簡単に国境を越えて行き来していたのです。彼らは自分達のことを「移民」だとも考えていなかったでしょう。人の移動を制限するものは今より少なかったのです。仕事を求めて移動する人々もいたし、貧困や、宗教や人種のせいで攻撃される状況から抜け出すために国を離れる人々もたくさんいました。

考えてみよう
アンネマリーは「わたし」の定義は一つではないと話しています。これはあなたにもあてはまりますか？

「小さい時も、10代になっても、わたしは自分が何者なのか、はっきりとわかりませんでした」

どうして人々は生まれた国を出るの？

国を離れる理由は？

人々が他の国に移住する時には、国を離れたいと思う大きな理由があるのでしょうか？それとも、別の場所に行く大きな理由があるから、そこに移住するのでしょうか？

仕事があると聞いたから。宗教の自由があるから。人々が移住する理由は、そういったことです。もしかしたら、国を離れる理由よりどうしてそこに行きたいのかという理由のほうが大切だと思うかもしれません。しかし、生まれ育った国に良い仕事があれば、そこに宗教の自由があれば、人々は自分の国を離れることはないでしょう。すべての移民のストーリーはここから始まります。「どうしてあなたは国を離れたの？」。

貧困、戦争、迫害

今いる場所でどうにか生活をしていくか、それとも新しい別の場所で一から始めるか。苦しい状況では、どちらを選んだほうが良いのか考えることになります。この世界はとても不平等です。ある場所では、多くの人がとても貧しく、病院や医者、学校も足りていません。職場や政府が年金を配るといったこともありません。

今わたし達は、テレビや映画で、他の国々で人々がどのように生きているかを知ることができます。知り合いや友達から聞くこともあるでしょう。もしあなたが貧しかったり食べるものがなくておなかがすいたりしていたら、別の場所に行けば仕事を見つけてお金を稼げるチャンスがあると考えるかもしれません。

では、わたし達がよくテレビで見る中東の難民の人々はどうでしょう。かれらが思うことはもっとシンプルです。自分も、自分の家族も殺されたくないという思いです。

考えてみよう

みんなが学校に通えない、大学や専門学校に行けるチャンスがほとんどない、仕事が少ない、医療や福祉が整っていない……。もしあなたが住んでいる国がそのような状況だったら、あなたならどうしますか？

他にも、世界には「迫害」される人々もいます。迫害とは、あなたがどういう人であるか、なんの宗教を信じているか、どういう見かけをしているか、こういったことを理由に脅されたり、捕らえられたり、傷つけられたりすることです。もしくはあなたの属するグループ、あなたが持つ特徴、自分では変えられないことが、「悪い」とされてしまうことです。

迫害された人々の多くがその場所から逃げ出そうとします。

考えてみよう

戦争や紛争は、人々が生まれ育った国を離れる大きな理由の一つです。各国の政府は戦争に対してなにができると思いますか？ また、なにをするべきだと思いますか？

▲ ハンガリーの駅に集まった難民の人々。彼らは戦争から逃れるために母国を離れ、ハンガリーにたどり着いた。

メスト・エジル

メスト・エジルは世界でも有名なサッカー選手です。ドイツ代表として、またイングランドのアーセナルというチームでも活躍しています。彼のおじいさんはトルコからの移民労働者で、メストはイスラム教を信仰しています。メストはドイツにおいて異なる文化の統合が成功したすばらしい例として、2010年には賞を受賞しました。

メストはサッカーをすることについてこう表現しています。

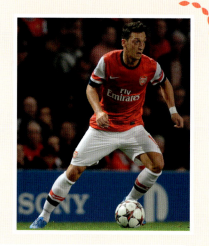

> わたしのボールを操るテクニックやセンスはトルコのものです。規律や態度を大切にして、すべてを捧げて努力する精神はドイツのものです

移民労働者

かつてさまざまな国の政府が、国を発展させるためにもっと働く人がほしいと思ったことがありました。その時、その国の政府の人間は別の国に出向いて言いました。
「わたし達の国に来てください。新しい家を建てたり、病院を経営したり、電車やバスを走らせるために、あなたの力が必要なのです」。

▶ 1948年6月、「エンパイア・ウインドラッシュ」という船に乗り、ジャマイカからイギリスの港ティルベリー・ドックスに到着した人々。彼らは仕事を求めてイギリスにやってきた。

1人ぼっちで国を渡る子ども達

　近年、これまであまり見られなかったことが起きています。まだ8歳から16歳くらいの子どもが、両親など面倒を見てくれる大人達とはなればなれで、自分達だけで母国から逃げてくるのです。理由はいろいろあります。
　もといた場所があまりにも恐ろしい状況だったから、両親が殺されてしまったから……。別の場所で安全に幸せに暮らせるはずだと両親が子どもに希望をたくして彼らを送り出す場合もあります。

考えてみよう

両親やあなたの面倒を見てくれる人とはなればなれで暮らさなければいけないとしたら、どういう気持ちになりますか？
全く知らない人に対して、この人は話しても良い人かそうでないか、どのように判断しますか？

ワーザン・シャイア

　ワーザン・シャイアはケニアでソマリア人の両親のもとに生まれロンドンで育ち、2014年にはロンドンの若い詩人に与えられる最高の賞を国から授与されました。彼女は十代の頃から詩を書き始め、高い評価を受けてきました。難民としての経験についても、とても力強い詩を書いています。
　2016年には、ビヨンセがアルバム「レモネード」の中でワーザンの詩を使い、彼女の名前が世界的に知られるようになりました。

「全くの知らない土地に、そこに危険があるにもかかわらず、命をかけて国を渡る——。ふつうなら誰もそんな道を選びません。政治的な判断や政策には時間がかかるかもしれない。でも、この瞬間に助けを必要としている人々に手をさしのべることは、同じ人間として今すぐやらなければならないことです」

マリアンヌ・ガッサー（赤十字国際委員会シリア代表部）

わたしの体験

マズーン・アルメレハン

マズーン・アルメレハンはイギリスに住むシリア人難民です。ヨルダンの難民キャンプで3年過ごした後、両親と2人の兄弟、妹とともにイギリスにやってきました。2016年、マズーンは世界のリーダー達と話すため、ロンドンでおこなわれた会議に招待されました。シリアの支援について話し合うその会議で、マズーンは次のように言いました。

すべての難民が望んでいることは、ただふつうの生活を送ることです。イギリスや他の国々の助けによって、もっとたくさんの難民、とくに子ども達が、ふつうの生活を送れるようになってほしいのです。

わたしはふつうの女の子です。でも、他のすべての女の子と同じように、わたしにも夢があります。

それは、大学に行ってジャーナリストになることです。ジャーナリストになったら、さまざまな人や国のことを多くの人に伝え、社会を良くするためにいっしょに働きたい。

シリアで戦争が起きる前は、シリアのダラアという場所に住んでいました。父はそこで学校の先生をしていました。わたしは学校に行くことが大好きでした。でも戦争がはじまって、父は仕事に行けなくなり、わたしも学校に行けなくなりました。学校に行くことさえも、危険すぎたのです。食べ物がない時もありました。だからわたし達は国境を渡ってヨルダンに移りました。そこではわたし達や、他のたくさんの家族が、安全に暮らせました。

ヨルダンでは、二つの難民キャンプで生活しました。大変なこともたくさんありましたが、わたしはラッキーでした。その難民キャンプには、学校があったからです。両親は、娘に教育を受けさせることは大切だと信じていました。そういう両親のもとに生まれたのも、ラッキーだったと思います。

わたし達には教育が必要です。それは、シリアがわたし達を必要としているからです。シリアにはエンジニアや先生、医者やジャーナリストが必要です。もし若い人々が教育を受けられなかったら、誰が国を立て直すのですか？ 誰が平和な国を作るのですか？

わたしの仲間、マララが言ったのと同じ言葉を伝えたい。教育は力です。教育は未来です。教育は、わたし達がなりたい自分になるために必要なことです。

マララとは、以前ロンドンで開かれたシリアに関する重要な会議で話しました。その時世界のリーダー達にこう言いました。「あな

たの人生において、教育は大切なものでした。教育は、あなたの子どもにとっても大切なものです。そしてシリアの子ども達にとっても、大切なものなのです」。

わたし達は「失われた世代」だと言われることがあります。でも、わたし達は失われていません。わたし達は学ぶことへの熱意も将来の夢も失っていません。

それに希望を失っていません。シリアはこの先、戦争の前と同じ状態に戻ることは決してないでしょう。これから少しずつでも状況が良くなっていくことを願っています。

いつかジャーナリストになったら、シリアの子ども達が国に平和を取り戻すため、故郷に帰ってくるというストーリーを書きたいです。

そのストーリーが、今ここから始まることを願っています。

> わたし達は将来の夢を
> 失っていません

女の子の教育のためのキャンペーン

戦争のために学校に行けないシリアの子ども達は300万人近くいます。戦争がはじまる前、シリアでは、すべての人が12年の義務教育を受けられました。しかし今は児童労働や若すぎる年齢での結婚が増えてきています。

マズーンは難民キャンプにいる時に、とくに女の子が授業に行くためのキャンペーンをおこないました。マララ・ユスフザイがヨルダンを訪れた時に、2人は友達になりました。今はイギリスで、マララが立ち上げたマララ基金と協力し、女の子の教育のためのキャンペーンを続けています。

考えてみよう

マズーンとマララが学校に行くことが大切だというのはなぜだと思いますか？ あなたはそれについてどう思いますか？

🌸 マララ・ユスフザイ

マララは子ども達の教育を受ける権利を訴えて活動し、最年少でノーベル平和賞を受賞しました。アフガニスタンで、女の子から教育を受ける機会をうばおうとするタリバン（過激派の武装組織）に反対し、銃で撃たれたこともあります。

2015年、マララは18歳の誕生日の時に、レバノンの難民キャンプを訪れこう言いました。

「この国の、地域の、そして世界のリーダー達に伝えたいことがあります。このままではあなたはシリアの人々を、とくに子どもたちを見捨てています。本当に心が痛い、悲劇です。これはこの何十年の間で最悪の難民危機です」

難民や移民はどのように移動するの？
別の国に行くとなにが起こるの？

難民や移民がどのように移動するのかは、母国を離れる理由によって変わってきます。戦争や災害などの危険から逃げるためであれば、手段を選ばずその場所を離れる必要があります。徒歩で、またはタクシー、小さなバス、トラックなど見つけた手段で移動するでしょう。もしお金があまりない場合には、選択肢は少なくなります。そうなると、とにかくどうにか国境を越えて国を出ようとします。ほとんどの難民は、国を出てもできればまた自分の国に帰りたいと願っています。だからあまり遠くに行かずできるだけ自国の近くにいようとします。そのため紛争をしている国の周辺国には、大勢の難民が暮らしています。

難民は何百キロメートルもの距離を、陸を越えて海を越えて、親戚がいる場所や、もしくは支援が受けられる国を目指します。航空機で移動できるのはほんの少しです。

また、密入国をビジネスとして手伝う人々がいて、それを利用する難民もいます。しかしそのためには大金が必要です。そしてたいていの場合、ぞっとするような状況の中を移動せざるをえないのです。

あらかじめ特定の国に入るために計画を立てて、有効なビザを手に入れてから移動する人々は、航空機や鉄道や自動車を使います。

難民が母国を離れるとどうなるのか？

これは世界中の場所によって異なってきます。大勢の難民が入ってきた国には、巨大な難民キャンプがいくつもあります。UNHCRや国際援助の団体などが、避難場所を提供したり、その他の支援をおこなっています。しかしそれでも難民キャンプでの暮らしはとても大変です。とくに大変なのは子ども達です。多くの難民キャンプでは学校に行ける環境が整っておらず、適切な教育を受けることはほとんど不可能です。

考えてみよう

もし密入国することが戦争や迫害から逃がれるための唯一の方法だとしたら、あなたならどうしますか？

🌸 アクイーラ・アシスフィ

　アクイーラ・アシスフィは教師です。1993年に、**タリバン**に制圧されたアフガニスタンから逃れてきました。現在はパキスタンの**難民キャンプ**に暮らし、そこで先生をしています。2016年には、教育界のノーベル賞とも言われる「グローバル・ティーチャー賞」の候補者に選ばれました。

　彼女が**難民**としてパキスタンにたどり着いた時、その地域には学校がありませんでした。厳しい環境の中、アクイーラは借りてきたテントを使って学校を始めました。そして教育に対する周りの否定的な意見を変えることに奮闘しました。最初はとても小さな規模だったアクイーラの学校は、やがて1,000人以上もの卒業生を送り出すほどになりました。そのほとんどがアフガン難民の女の子でしたが、地元のパキスタン人の子ども達もいました。卒業生のなかには、アフガニスタンで医者やエンジニア、政府の役人や教師になった者もいます。

　世界には、長年ずっとその場所で続く難民キャンプもあります。大勢の子ども達がそこで育ち、やがて自分の家族を作っています。最も古い難民キャンプの一つは、レバノンの南ベイルートにあるシャティーラという難民キャンプです。1949年に、国を追われたパレスチナ人難民のために作られました。そのキャンプには今でもパレスチナ人難民が大勢暮らしていて、彼らは今も母国に帰ることができません。

　ケニアのダダーブ難民キャンプは世界で一番大きな難民キャンプで、1992年に作られました。

考えてみよう
難民キャンプに暮らすことで、一番大変なことはなんだと思いますか？

▲ トルコの難民キャンプで遊ぶシリア人難民の子ども達。

難民申請者、難民、移民などはどのように迎えられているの？

おおやけには……

ヨーロッパでは一般的に、避難場所を必要としている難民には、食べ物（もしくは食べ物を買うためのお金）、避難場所、医療ケア、子ども達には教育、また必要であれば通訳や弁護士へアクセスするチャンスが与えられます。

ほとんどの国で、難民申請者は働くことを許されていません。その代わりに、食べ物を買うための手当（お金）を与えられます。難民申請が許可されて「難民」と認められてはじめて、彼らは働いたりその国の市民として生活することができるのです。

もともと有効なビザを持ってやって来た移民は、すぐにもその国で仕事について働くことができます。オーストラリアなどいくつかの国では、無料で語学の教育を受けることができます。

実際には……

難民や移民が、辿り着いた国であたたかく迎えられると感じるか、それともそうではないと感じるかは、それぞれの場所、コミュニティによって変わります。

中には難民を自分の家に迎え入れる人々もいます。多くのコミュニティで、難民の助けになりたいと思う人々と難民が出会えるようなセンターを設置しています。

しかし中には、別の国から来た人に対して、自分達の生活を脅かそうとしていると感じる人々もいます。そういう人々は、難民を受け入れる政府に抗議し、攻撃的な言葉を使うことも少なくありません。

考えてみよう

移民や難民が自分の国に入ってきてほしくないと思う人がいます。それについてあなたはどう思いますか？

オーストラリアとアメリカ

有効なビザを持たずにオーストラリアに入国すると、誰であっても不法移民と見なされ、逮捕されます。航空機を使って入国した場合には、一時的なビザを与えられ、難民申請が認められるまでの間は滞在が許可されることもあります。

しかし船を使って入国した場合はこれがあてはまりません。実際にオーストラリアは、女性や子どもを含む何千もの人々を収容所に拘留したことや、難民を乗せた船の上陸を拒否したことなどに対してUNHCRから批判を受けています。

オーストラリア政府は滞在の許可が下りた難民に関して支援はおこなうものの、その支援はとても限られています。

アメリカでは、正式なビザや書類がなく入国した難民申請者は、彼らの訴えが受け入れられるまでの間、拘留されます。支援をおこなっているのは、政府ではなく、ボランティアなどがほとんどです。

🌸 歓迎された人々

ルワンダからの難民、16歳のティンジェブワは俳優のエマ・トンプソンとグレッグ・ワイズの養子として迎えられました。彼は家族を亡くし、12歳の時には少年兵として徴用されましたが、支援団体の助けを得てイギリスに逃れました。現在は人権侵害に取り組む弁護士であり活動家でもあります。彼は次のように話します。

英国アカデミー賞授賞式で、育ての両親と妹に囲まれるティンジェブワ（左から2番目）。

「新しい国では、これまでと違う環境に早くなじんで、たくさんのことを学ばなければいけません。それが新しい場所で生きていくために必要なことです。新しい場所で成功した人々を見てみると、彼らは新しい環境にとけこもうと努力しています。それはこれまでのやりかたをすべて捨ててしまうことではありません。これまでのことは自分の過去として受け入れ、また新しく始めることなのです。これはすぐにできることではなく、時間のかかる長い道のりです。いつでもふるさとは一番良いものです。しかし時には突然、あなたは今いる場所を離れざるを得ない状況に追いやられてしまうのです。全く別の場所で生活を始めること、これは新しいことを学び続けるという経験です」

歓迎しない人々の反応

ブルガリアの壁

ブルガリア政府は、トルコとの国境に80キロメートルにもわたる鉄条網を設置しました。難民や移民がブルガリアに入ってくるのを防ぐためです。

ドイツでの移民や難民に反対する抗議

ドイツ政府はヨーロッパの中でもとくに積極的に難民の受け入れをおこなってきました。そんな政府に対して抗議をおこなう団体も現れました。それはおもに国家主義者（国家がなによりも大事だと思う人々）や、過激な思想の持ち主などでした。

彼らの多くが別の国から来た人を「よそもの」だと考え、異なる文化を持つ人々に対して否定的な意見を持っています。

◀ ドイツでは難民を受け入れることに対する抗議が起こった。写真は、それに対抗して難民への支援を訴える人々。

わたしの体験
オミッド・ジャリリ

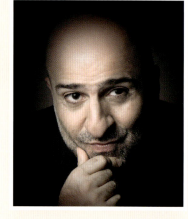

オミッド・ジャリリはイギリス生まれのイラン人。コメディアンや俳優としてテレビや映画などで活躍し、映画『ひつじのショーン』などにも出演しています。オミッドはサッカーが大好きで、いつかプロのチームから声がかかればいいのに、と今でも思っています。

なぜわたし達はイランを離れたの？

わたしの両親は1957年にイランを離れましたが、いつも戻りたいと思っていました。しかし1979年にはイラン革命が起きて、イランに戻れなくなりました。イラン大使館で働いていた父は仕事を失い、その後長い間、難民として生活しました。イランに残る両親の友達の多くは、厳しい状況に苦しんでいました。ふるさとはどんどん変わっていきました。

わたし達の家族はバハーイー教という宗教を信仰しています。バハーイー教は未だにイランで迫害されている宗教です。多くの信者が、不当に逮捕され刑務所に入れられたり、持ちものや仕事を奪われたりしています。学校や大学に通う権利を奪われることもあります。

「この世界のどこかで誰かが苦しんでいれば、
それはわたし達みんなに関係することなのです」

ロンドンでの暮らし

母は洋服を作る仕事をしていて、文化とファッションの街であるロンドンで生活できることを幸運だと感じていました。わたしの両親が親しく付き合っていたのは同じようなイラン人ばかりでしたが、そこで出会ったイギリス人には、たとえそれがどんな人であれ、感謝と敬意の気持ちを持って接していました。

わたしはイギリスで学校に通い始めましたが、しばらくの間、自分がイラン人であることを恥ずかしいと感じていました。イギリスではニュースから受け取るイメージで、イラン人は宗教に熱狂しておかしな行動をとる人達だと思われていたからです。これはわたしからしたら、全くの正反対です。わたしの知っているイラン人はみんな他人を思いやる心優しい人々です。イラン人と思われるのがいやで、自分の名前をチコだと言ってイタリア人のふりをしようとしたこともあります。残念ながらうまくいきませんでしたが。

とくにイギリスに来てすぐの頃は、自分の両親を恥ずかしいと思っていました。彼らは英語があまり上手ではなかったからです。両親はいつも身振り手振りが大きく、身体で感情を思いっきり表現するのですが、それは多くのイギリス人とは対照的でした。とくにわたしの学校の先生達は違いました。ある時学校に両親が呼ばれて先生との懇談がありました。その時演劇の先生がわたしを褒めてくれたのですが、母はうれしさのあまり泣きながらその先生を抱きしめようとしました。わたしはそれがとても恥ずかしかったのを今でもよく覚えています。

「外国人」じゃなくて「友達」

今わたしは自分のことをイギリス人だと思っていますが、自分のイラン人の祖先を誇りに思っています。わたしが心の中で深く信じていることの一つに、こんなことがあります。この地球が一つの大きな国で、人類はみな地球という国の市民なのです。近年の移民や難民の危機にはとても心が痛みます。こうしてロンドンでイギリス国民として生活できているわたしは、とても恵まれていました。

この世界のどこかで誰かが苦しんでいれば、それはわたし達みんなに関係することなのです。どうかいつか、人々がみんなすべての人のことを見知らぬ外国人ではなく、友達だと思える日が来てほしい。人類という大きな一つの家族として、お互いのことを思い合える日が。

考えてみよう

オミッド・ジャリリは、地球は一つの国で、人類はみなその国の市民だと言いました。あなたはそれについてどう思いますか?

移民の歴史

どれだけさかのぼれる？

英語の「移住」という言葉は、もともとは「移動する」という意味のラテン語からきています。移動する人々のことを指す言葉として英語で使われるようになったのは17世紀前半だと言われています。

人が住む場所を変える「移住」は、人間が人間として生活をし始めた頃からあたりまえにおこなってきたことです。とはいえ、人々が移動する理由は、その歴史を見てみるととても異なっているでしょう。

さまざまな移動の理由

北アメリカで「先住民」と呼ばれる多くの人々は、もともとロシアの北のほうから来たと言われています。彼らは動物の群れを追い、自分達が生活するのに良い場所を探して移動してきました。これは、食べ物や住む場所を求めて移動してきた例です。

現在のイギリスであるブリテン島は、その昔ローマ人が支配していました。ローマ帝国（今のイタリア）から来たローマの兵士達がブリテン島を侵略し、島にいた人々を打ち負かしたからです。これが国を征服する帝国の動きと関連する移民です。

働かされるために別の国に連れて来られた人々もいます。アフリカからは何百万もの人々が南アメリカ、中央アメリカ、北アメリカやカリブ海の地域に連れて来られました。これは奴隷のための移民です。

▲ 何世代にもわたる奴隷の家族。みな同じプランテーション（大規模な農場）で生まれた。

戦争、飢饉、流罪

第二次世界大戦の終わり頃になると、何百万もの人々が住んでいた家や町を破壊され、もといたところには帰れなくなりました。他にも、多くの人が刑務所や収容所、強制労働をさせられる場所に連れて行かれました。何百万もの人々が、住んでいた場所を追われ新しい場所で生活を始めました。これは戦争による移民です。

その他にも、19世紀の半ばに何百万ものアイルランド人がアメリカに移民した例があります。アイルランドで起こった深刻な飢饉が理由でした。

多くのオーストラリア人が、イギリスやアイルランドに昔から根付く名前を持っています。それは彼らの祖先がイギリスやアイルランドからやって来たからです。その多くは「囚人」として、「流罪」を言い渡された人々です。「流罪」とは当時の刑罰の一種で、犯罪をおかした人を別の国に連れて行ってしまうことです。この囚人の中には政治的な罪を犯した人もいました。

考えてみよう

ここに書かれていない「移民」の形にはどんなことがあるでしょうか？ あなたはなにか知っていますか？

グワリ・パッサレイ

著名な作家であるグワリ・パッサレイは、アフガニスタンからの難民です。12歳の時、タリバンが勢力を持ったアフガニスタンで命の危険にさらされました。彼の母は、グワリと兄を守るためアフガニスタンから逃がしました。グワリはもう少しで命を落としそうになりながら、辛く厳しい道のりを経て、ここまで来たのです。

グワリがイギリスにたどり着いた時、イギリスの国境を管理する職員は、グワリが話すことを信じてくれませんでした。そのためグワリは、また追い出されてしまうのではないかという不安でいっぱいだったと言います。その後、なんとか難民として認められました。

彼は自身の本、『The lightless Sky（光のない空）』で次のように言っています。

「この目で見たことは、わたしを大きく変えました。しかしすべてのおそろしい経験があったからこそ、1秒たりとも無駄にしたくないと思うようになりました。ここに来て、なにかを変えたいと思っています。与えられたものを得るだけではなく、恩返しがしたいのです」

どんな時にわたし達は「外国人」になるの？

ウィリアム・シェイクスピアとバラク・オバマの言葉がこれについて考えるヒントになります。

シェイクスピアの作品の中に、1517年にトマス・モアという人がおこなったスピーチについて書かれたものがあります。当時、ロンドンではフランスから来た多くの人々が難民としての支援を求めていました。それに対して反対の激しい暴動が起こったのです。その時のスピーチの中で、トマス・モアは人々に対してこう問いかけました。もしあなたたちが王様によって国を追い出され、居場所を求めてヨーロッパをさまようことになればどうなるでしょうか。あなたたちも「外国人」になるのでは、と。

シェイクスピアが亡くなってから400年近くが経ちますが、アメリカのオバマ大統領は移民について語る時に同じ言葉を使いました。

バラク・オバマ大統領

「アメリカ国民のみなさま、わたし達はこれまでも、これからも、つねに移民の民族です。わたし達はみな、かつては同じように『外国人』でした。わたし達の先祖がどこから来た『外国人』であろうと、わたし達がここにいるのは、この国が彼らをあたたかく迎え入れたからなのです。わたし達はいつもこう教えられてきました。アメリカ人であることは、見た目や名前、宗教で決められるものではない、と。では何がわたし達をアメリカ人にさせるのか。それはわたし達が共有する理想にあります。その理想とは、わたし達はみな平等につくられ、自分達の生き方、未来を作るチャンスを持っているという考えです」

モハメド・ファラー

モハメド・ファラーはイギリスで最も優れたマラソンランナーの1人です。ソマリアで生まれ、8歳の時にイギリスに移り住みました。2012年のロンドンオリンピックの時には金メダルを2つ獲得しました。その時モハメドは、「移民としてイギリスに生きることを誇りに思う」と話しました。

「ソマリアにいた頃は幼すぎてよく覚えていません。わたしやわたしの家族も、イギリスは『ふるさと』だと感じています。人々はわたし達をあたたかく迎え、異なる文化を理解しともに生きる社会があるからです。わたしはソマリアに生まれたことも、今はイギリス人であることも誇りに思います。わたしが走る時は、イギリスのためと思って走っています」

災害や貿易、仕事が理由の移民

火山の噴火、地震、洪水などから避難するために移民となる人々もいます。一つの例は、1995年のカリブ島で起こった火山の噴火です。その被害は深刻で、島から避難したのは人口の3分の2にもなります。多くの人がイギリスにもやってきて、そのほとんどはその後も島に戻ることはありませんでした。

仕事のために別の場所に移る人々もいます。そこには仕事がある、もしくは今よりもっと良い仕事があるからという理由です。

ものを買ったり売ったりする、つまり「商売」のために、場所を移動する人々もいます。

ナディア・ハッサニ

ナディア・ハッサニの父はドイツにやってきた移民です。ナディアはドイツで生まれ育ちましたが、大人になってアメリカに移住しました。現在、彼女は翻訳家であり料理本『スプーン一杯のドイツ』の著者でもあります。

「わたしの母はドイツ出身で、父はチュニジアからの移民だったので、わたしは言わば『ハーフ』のような感覚でした。父は、1960年代のはじめ頃にドイツにやってきました。わたしにとって父は完全に『ドイツ人』としてとけこんでいて、父からチュニジアの文化について話してもらったことはほとんどありません。わたしはドイツ人として育ち、幼い頃も十代の頃も、他の子ども達と異なるものはなにもないと思っていました。しかし、周りからすれば、わたしは他の子ども達とは違っていたのです。わたしは、アラブ系の名前や見た目によって、『ほんものの』ドイツ人ではないとされました。人とは違う『外からきたよそもの』と見なされ、どこから来たのかとよく尋ねられました。言葉がわからない子どもに話しかけるような、やさしいドイツ語で話されたこともあります。こういったことがあるたびにわたしはいやな気持ちになり、居心地の悪さを感じました。本当に別の国から移住してきた人々が新しい国でどのように感じるのか、わたしはただ想像することしかできません。でもドイツはかつて今よりずっと移民も少なく、多様性がない国でした。今では人口の20パーセントが、なんらかの移民の背景を持っています」

今の移民をめぐる状況は？

現在の「危機」の理由は、ほとんどが戦争です。もちろん戦争が好きだという人はいません。人々は生き延びるために戦争から逃れようとします。ここで生じる問題が一つあります。わたし達はみな「国」や「国家」と呼ばれる場所に生きていますが、その国家を動かすリーダー達はこう言います。「わたし達はこの国の国民のことを一番に考えて、政治をおこないます」。

近代の移民をめぐる話は、ただ単に人々の移動の話だけではなく、国境についての話でもあるのです。誰がそこを越えることができるのか、そして誰ができないのかということです。

難民や移民はどんな権利を持っているの？

第二次世界大戦のおそろしい経験から、国際連合は世界のすべての人にあてはまる基本的な原則を打ち立てました。その中でも、世界のすべての国々が合意した最も重要な声明の一つが世界人権宣言です。これはすべての人々が守られるべき基本的な権利について定めたもので、その中にはあらゆる種類の迫害から逃れるために支援を求める人々について書かれた条項もあります。

世界人権宣言

29ページでは、世界人権宣言の中から、一部を紹介しています。「前文」、そして30の条項うちの最初の14条です。とくに最後の第14条は、迫害からの避難について書かれています。この宣言は、すべての地域の代表者によって草案が作られ、1948年の12月10日に国連総会で採択されました。

前文

「人類社会のすべての構成員の固有の尊厳と、平等で譲ることのできない権利とを承認することは、世界における自由、正義及び平和の基礎である（中略）法の支配によって人権を保護することが肝要である」

◀ 1945年のベルリン。第二次世界大戦中に、家を失い難民となったドイツの人々がわずかな持ち物とともに鉄道駅に集まった。

ここで紹介しているのは、世界人権宣言の一部です。

第1条
すべての人間は生まれつき、だれもがみな自由であって、いつもわけへだてなくあつかわれるべきです。

第2条
あなたと同じ言語を話さなくても、あなたと同じ皮膚の色でなくても、あなたと同じ考え方をしなくても、あなたと同じ宗教を信じていなくても、あなたよりも貧しかったりお金持ちだったりしても、あなたと国籍が同じでなくても、すべての人はここで述べているようないろいろな権利や自由をもっています。

第3条
あなたは生きる権利、自由に、安心して生きる権利をもっています。

第4条
だれにもあなたを奴隷にする権利はありません。あなたもだれかを自分の奴隷にすることはできません。

第5条
あなたを拷問する、つまり、あなたを痛めつけて苦しめる権利はだれにもありません。あなたも、だれであれひとを拷問することはゆるされません。

第6条
どこにいても、あなたは他のどんな人とも同じように守られるべきです。

第7条
法律はすべての人に対して同じはたらきをします。法律はあらゆる人々に同じにあてはめられるべきです。

第8条
国の法律が守られていないようなできごとがあなたの身におこったとき、あなたは法律によって自分を守ってくれるように要求することができます。

第9条
不正に、あるいは理由もなく、あなたを牢屋に入れたり、どこかに閉じ込めたり、あなたの国から追い出したりする権利は、だれにもありません。

第10条
あなたがもし裁判にかけられるようなことがあっても、その裁判は秘密に行われてはなりません。あなたを裁く人は、だれからもさしずを受けてはなりません。

第11条
あなたは有罪であることが証明されるまでは、無罪であるとみなされなければなりません。あなたはある罪があるとうったえられたとき、つねに自分を守る権利があります。あなたがやっていないことについてあなたをとがめたり、罰を加える権利は、だれにもありません。

第12条
もしだれかが、あなたの生活の仕方や、あなたやあなたの家族の考え方や、それを文章に書いたものをむりやり変えさせようとするとき、あなたにはそんなことをされないように守ってくれるように要求する権利があります。

第13条
（1）あなたは自分の国のうちを、好きなように行ったり来たりする権利をもっています。（2）あなたは自分の国を離れて、別な国へ行く権利をもっています。またそうしたければ、ふたたびもとの自分の国へもどることもできます。

第14条
もしだれかがあなたに害を加えて苦しめるときには、あなたは別の国へいって、あなたを守ってくれるようにたのむ権利をもっています。あなたがだれかを殺したり、あなた自身がここに書かれていることを大切にし、守らないときには、あなたはそのような権利をもちません。

（外務省資料『やさしい言葉で書かれた世界人権宣言』より一部改変）

難民の地位に関する UNHCR の声明

「世界人権宣言第14条では迫害からの避難を求める権利を認めています。それに基づき、1951年には難民の地位に関する条約が採択されました。これは現在でも、世界における難民の保護に関する重要な基盤となっています」

考えてみよう

あなたの国に来る難民や移民に対して、その責任者が自分であると想像してみてください。ここで紹介したのは、1951年に、すべての国々が守るべきこととして国際連合が合意したことです。この声明をふまえて、あなたならどんなことをしますか。

わたしの体験

メルテム・アヴシル

メルテムは7歳の時に母とトルコからイングランドに来ました。彼女の家族はクルド人です。トルコではクルド人をめぐる複雑な問題があります。メルテムの村はトルコ兵士によって攻撃されました。メルテムはイギリスのヤールズウッド拘留センターで2回拘留されたこともあります。さまざまな苦難を乗り越え、今では数々の賞を受賞する活動家となりました。現在は、難民の女性や子どもを拘留することに反対するキャンペーンをおこなっています。

なぜ国を離れたの？

大人達は、土地のために、宗教のために、政治のために、そしていつもお金のために戦います。不幸なことに、わたし達家族は、そんな不条理な戦争のどまんなかにいました。戦争は、すべてを破壊し、めちゃくちゃにします。わたし達は少しでも安全に暮らすために、そこを離れなければいけませんでした。

ここにたどり着いた時の様子は？

はじめてこの国に来た時、不思議でした。「どうしてここにいる人々はとても白いんだろう？」7歳のわたしは、金髪の人を見たことがありませんでした。イギリスでは、自分がのけものにされたなどと感じたことはありませんが、言葉が通じなくてうまくその場になじめなかったり、自分の言いたいことが伝えられず悔しい思いをしたりました。難民申請者となったわたし達は、安全な暮らしをもとめて何度も引っ越しを繰り返しました。

ブラッドフォードという町では人種差別に苦しみました。窓ガラスを割られたり、脅されたり、隣の空き家が燃やされたこともあります。ドンカスターに移った時には、そんなことはなく、ふつうに生活できました。友達もでき、学校に行ったり遊んだりもしました。そこで3か月英語を勉強しました。でもそこでも問題が起こり始めたので、ロンドンに移っておばといっしょに暮らしました。その後は再びドンカスターに移り、数年間は問題なく生活することができました。

いちばん最悪だったのは、5人の警備員が突然家に押しかけて来て、わたし達をヤールズウッド拘留センターに連れて行ったことです。その時には出ることができたのですが、1年後わたし達は再びその拘留所に入れられま

した。難民申請が拒否されて、このままではイギリスから追い出されてしまうと知らされた後のことです。ヤールズウッド拘留センターはおそろしい場所でした。3か月そこで拘留された後、わたし達はトルコに送り返されるために空港に連れて行かれました。2人の警備員がわたし達を飛行機に乗せようとした時、わたしは思わず叫びました。すると彼らはわたし達を降ろし、その時奇跡が起こったのです。子どもの人権のために活動する団体の人がやってきてわたし達を解放し、わたし達は難民として認められました。

人生を通して身についた「なまり」

わたしの話す言葉にはさまざまな地方の「なまり」があります。ヨークシャーからイングランド北部、ロンドンなまりもあります。子どもの頃に、たくさんの場所でたくさんのなまりにふれたので、今はそのすべてを話せます。引っ越しを続けてきた経験から、自分の人生がいつも他人によって左右され、自分のものではないようなおかしな感覚を持っていました。一つの家で長年暮らすことはなく、家でトイレに行く時でさえ、母にトイレを使ってもいいかと尋ねていました。

ここがわたしの家

わたしはこれまでたくさんの人々に出会い、たくさんの場所を訪れました。13歳の時に3か月拘留されましたが、それでもわたしはまたイングランドのどこかで暮らすことができると思っていました。イングランドが自分の家だと感じていたのです。その後わたしは女性や子ども達を拘留することへの反対運動を始めました。わたしのようなたくさんの人々の命を救うためです。

考えてみよう

あなたは誰か移民、難民、難民申請者などを知っていますか？　そのような人々が国を離れた理由を知って、驚いたことがありますか？

なにかを変えられると信じていた

わたしは現在22歳の活動家ですが、心理学を勉強する学生でもあり、作家でもあります。すべてが、自分ならできると信じたからこそできたことであり、かけがえのないことです。今も世界中で戦争が起こり、何百万もの人々がふるさとを追われています。何百もの人々が道中の冷たい海の中で亡くなっています。戦場にいても、そこから逃げても、死から逃れられない人々がたくさんいるのです。

わたし達はすべてを破壊する戦争をこれからも続けていくのでしょうか？　一体いつ、終わりにするのでしょうか？

あなた自身が何者か、他の人に決めさせてはいけません。一度誰かに決められてしまうと、それを壊すことは簡単ではないのです。いつもあなたはあなたでいてください。世界はあなたの味方です。

> 「わたし達はすべてを破壊する戦争をこれからも続けていくのでしょうか？　一体いつ、これを終わりにするのでしょうか？」

どんな言葉を使うかは大切？

「遠まわし」な言葉が意味すること

「遠まわし」とは、なにかを直接的にはっきりとは言わないことです。しかし次のように言うと、とてもはっきりしています。「ここには、よそから来た人はいりません」。同じことを遠まわしに言うと、こんな感じです。「あなたも知っているとは思いますが、たぶんこうやって言う人もいますよ。よく知っている人といっしょに暮らすほうが幸せですよ、と」。

マーガレット・サッチャー

これはかつてイギリスの首相をつとめたマーガレット・サッチャーが1978年におこなった有名なスピーチの一部です。彼女はそこで遠まわしな表現をしています。

「このままではパキスタンなどからどんどん人が入り、あと何十年の間にその数は400万人にもなるだろうと、国の委員会は言っています。これはものすごい数字です。人々はとてもおそれているとわたしは思います。この国に異なる文化を持つ人々が大量に押し寄せ、人であふれてしまうかもしれない、と」

サッチャー元首相の言葉が意味することとは？

スピーチの中には"Swamp"（「押し寄せる」「あふれてしまう」）という言葉が使われています。この言葉は「圧倒される」「打ちのめされる」という意味もあり、また洪水などで川が「氾濫する」という意味でも使われます。これを人に当てはめてみるとどうでしょう。たくさんの人々が洪水のように押し寄せて来て国を埋め尽くし、そこに住んでいた人々は行き場がなくなってしまうような感じです。これは「遠まわし」な言葉で、人々が外からやってきた時に実際になにが起こるのかは説明していません。ほんとうは誰も「あふれ」たりしないのです。

「わたし達」と「他の人」

人について話す時に、「わたし達」と「あの人達」、もしくは「わたし達」と「ほかの人」を分けることは、大きな意味があります。それはまさにサッチャー元首相がスピーチでおこなったことだと言われています。

スピーチをくわしく見てみましょう。
2回目の「人々」が意味するのは、あるグループに入る「人々」であって、すべての「人々」ではありません。最初に出てくる「人々」は、すべての人々のように見えますが、そうではありません。「異なる文化を持つ人々」が含まれていないからです。このスピーチでは、「わたし達」が誰か、「おそれている」のは誰かを具体的に言っていないにもかかわらず、「わたし達」と他の「彼ら」を区別していることがわかります。

これらの言葉によってどう感じる？

テレビ、ラジオ、新聞、本、どんなものであろうと、政治家が移民について話す時、言葉によってその意味や受け取る印象はさまざまです。例えば、難民や移民について、「大量の難民」、「押し寄せる」、「大群」などいろんな表現を聞くことがあるでしょう。

あなたが移民ではないとしたら、これらの言葉を聞いて移民についてどのように感じるか考えてみてください。これらの言葉で表されるのは、どんな人間だと思いますか。もしあなたが移民だとしたら、これらの言葉によってどのように感じるか考えてみてください。これらの言葉を使う人々と、自分は同じだと思いますか。それとも、良い人間だと思いますか。悪い人間だと思いますか。

🌸 リタ・オラ

リタ・オラは歌手であり女優です。リタは現在のコソボであるプリシュティナという場所で生まれました。彼女がわずか1歳の時に、家族は国から追い出され、難民としてロンドンに移り住みました。彼女は次のように言います。

> 難民という言葉には、たくさんの偏見がついてまわります。でも同時に、この言葉を聞くと、どうにかして生き延びようと強く思うのです

考えてみよう

どうしてリタ・オラは、「難民」という言葉はたくさんの偏見を生むと考えるのでしょうか？一見ふつうの言葉が、時には偏見を生んだり、またその偏見をなくしたりもできます。他にもそのような言葉を知っていますか？

文化ってなに？ どうやって共有するの？

文化ってなに？

文化とは、「なにかをする時に、どのようにするか」ということです。つまり、食べるもの、着るもの、聞く音楽、おもしろいジョーク、好きな本など。それらのことを「文化」という言葉を使って話すことができます。

あなたがもし火星人だったら、と想像してみてください。地球にやってきて、世界をぐるっと見て回る。すると行く先々で、いろいろな「なにをどのようにするのか」があることに気づきます。例えば、国のしくみ、使う言語、住んでいる家などは、場所によって異なります。一方で、遠くはなれた場所なのに、よく似ているところにも気づくはずです。電話、コンピュータ、ジーンズ、Tシャツ、炭酸飲料などなど。

ものごとを違う方法でおこなっている、つまり異なる文化を持つ人々が同じ場所に集まった時には、「多文化」という言葉が使われます。これは一つの国、または一つの社会の中にさまざまな文化があることを意味します。この世界はつねに多文化です。裕福な人とそうではない人、男性と女性、お年寄りと子ども、新しく来た人と、昔からずっとそこに住む人……。それぞれが異なるやり方、「文化」を持っています。

これも「文化」を見る一つの方法です。

どのように文化を共有するか

まわりを見わたして、これが一つの文化だと言われるものを見つけてください。でもそれにもっと近づいてよく見ると、それは異なるいくつかの文化からできているということがよくあります。これを「インターカルチュラリズム（間文化主義）」と言います。「異なる文化がお互いを尊重し、交流しながら共生する」ことを意味します。これによって、新しい一つの文化が作られることもあります。

イギリスの偉大な作家に、ウィリアム・シェイクスピアという人がいます。たしかに彼はイギリスで生まれ育ち、英語を話しました。しかし彼の書いた戯曲や詩をよく見てみると、それらはイギリスだけでなく、さまざま

な場所からアイデアや書き方のヒントを得ていることがわかります。古代ギリシャやローマ、イタリア、聖書（これはもともと現在の中東から来ています）などです。彼の最も有名な作品の一つ、「ロミオとジュリエット」は、もともとイタリアのお話です。シェイクスピアはそれを戯曲として描きました。

マヤ・アンジェロウ

「シェイクスピアは黒人の女の子だ」

アフリカ系アメリカ人の詩人マヤ・アンジェロウは、子どもの頃にシェイクスピアの詩「ソネット29」を読みました。この作品は、次のような文から始まります。「運にも世間にも見はなされ、わたしはただひとりこの身を嘆く」。マヤはこれを読んだ時、書いた人は黒人の女の子に違いない、と思ったそうです。なぜかと言うと、この詩はマヤが感じていた気持ちをぴったり表現していたからです。「社会からのけものにされ、差別され、貧困に苦しみ、子どもの頃に性的虐待を経験し、ひとりぼっちで誰にも聞こえない叫び声を上げている」。マヤは自分のことをそんなふうに感じていました。

1993年、ビル・クリントン大統領就任の記念式典で自身の詩「朝の鼓動に」を朗読するマヤ・アンジェロウ。

食べ物、音楽、服

ジャガイモとトマトはヨーロッパでもなじみのある食べ物です。このジャガイモとトマトは、もともと南アメリカから伝わりました。

音楽はどうでしょうか。最近のブルース、マウンテンミュージック、ゴスペルなど、多くが世界のさまざまな音楽が混ざり合ってきたものです。ブルースは、アフリカ系アメリカ人奴隷の人々に由来を持つ音楽で、1900年頃に生まれました。マウンテンミュージックは、アパラチア山脈に移り住んだアイルランド、スコットランド、イングランドからの移民の子孫によって生まれました。ゴスペルは、イギリスからアメリカに移住した人々の賛美歌と、アフリカ系アメリカ人の音楽が混ざり合って生まれました。

服も同じです。「デニム」と呼ばれる生地から作られたジーンズは、今や世界中の人が着る服になりました。世界で最初のジーンズは、1853年にジェイコブ・W・デイヴィスとリーバイ・ストラウスが作りました。彼らはヨーロッパからアメリカに来たユダヤ人移民でした。「デニム」は「ニームから来た」という意味の「デ・ニーム」という言葉から来ています。このニームは、フランスの町です。「ジーンズ」という言葉はおそらくジェノア(ジェノヴァ)というイタリアの町から来ています。

考えてみよう
あなたの好きな音楽や服、食べ物などで、もともとはどこか他の場所からやって来たものを何か知っていますか?

発明、花、動物

わたし達の身の回りにあるものについて考えてみましょう。電気、道路、ビルなどの建物、車、電車、飛行機、コンピュータ、電話……。これらが発明され、資源や原料が集められ、実際に作られるまでには、さまざまな国の人やモノが関わっているのです。

それは花や動物、町の光景でさえもそうです。例えば「これは典型的なイギリス風の場所だな」と思っても、実際はオランダ人のエンジニアが作ったものだったりするのです。イギリスの庭によくある花や芝生や木なども、その多くが世界中のいろいろな場所から来ています。イギリスのあちこちで見るリスやキジも、もともとは別の場所にいた「移民」なのです！

言語

異なる文化が混ざり合った、最もわかりやすい例は言語です。英語のおもな文法は、現在のオランダ、ベルギー、ドイツあたりに暮らしていた民族から伝わりました。現在のデンマーク、ノルウェー、スウェーデンから来ている部分もたくさんあります。もともとはラテン語から来るノルマン系フランス語も英語のなりたちに大きく関わっています。

その他にも、英語で使われる何百もの言葉が、世界中のさまざまな場所に由来を持っています。そういった意味では、英語はインターカルチュラリズムと呼ぶのにぴったりの例だと言えます。

考えてみよう

すべての言葉には歴史があります。インターネットを使って調べることもできるでしょう。調べたい言葉といっしょに「由来」「語源」などを入れて検索してみてください。その言葉がどこから来たのかわかるかもしれません。

他の文化から来た英語の言葉

crag（岩山） ── ケルト
bread（パン） ── アングロサクソン
take（取る） ── デンマーク（バイキング）
beauty（美しさ） ── フランス
robot（ロボット） ── チェコ
coo-ee!（「クーイー！」という叫び声）
　── オーストラリアの先住民アボリジニ
blitz（空襲） ── ドイツ
hey presto!（「あら不思議！」などのかけ声）
　── イタリア
jumbo（ジャンボ、特大の） ── スワヒリ
ketchup（ケチャップ） ── マレー（インドネシア）、中国
pyjamas, cot, jungle, bangle（パジャマ、ベビーベッド、ジャングル、腕輪）── ヒンディ

他にもたくさん！！

文化と人々を切り離すとどうなる?

これまでさまざまな国で、政治家や国のリーダー達が、文化によって人々を切り離そうとしてきました。そのための法律が作られ、政策としておこなわれたこともあります。

アメリカ南部の州でおこなわれた隔離政策

1890年から1965年までの間、アメリカ南部では、白人とアフリカ系アメリカ人の生活の場所を分ける（「隔離」と呼ばれました）法律がありました。二つのグループに分けられた人々は、同じ学校や、同じ公共スペースを使うことも許されませんでした。バスも、電車も、公衆トイレも、レストランも、カフェもバーも別々です。しかも、白人の使う場所は、アフリカ系アメリカ人が使うものよりずっときれいで整っていました。つまりこれは「差別」でした。アフリカ系アメリカ人は、暴力や迫害などにも苦しんでいました。

多くの人々がこの隔離政策に反対しましたが、それは危険がともないました。その中の1人に、ニューオーリンズのルビー・ブリッジズという人がいます。1960年11月14日、6歳のルビーは、それまで白人しかいなかった学校に、はじめてアフリカ系アメリカ人として登校しました。まわりの白人の子ども達はみな、彼女といっしょに授業を受けることをいやがりました。怒ってののしったりどなりつけたりする人々がいたので、ルビーはいつも大人たちに守られながら学校に通いました（下の写真がその様子です）。先生もみな、彼女に教えることをいやがりました。たった1人だけ、ミセス・ヘンリーが、彼女に勉強を教えました。でもやがてその学校は「統合」され、他にもアフリカ系アメリカ人の子ども達が通うようになりました。

「すべての人が、生まれた時は汚れのない心を持っていました。生まれたばかりの赤ちゃんは、人を憎むことや、人種差別について全く知りません。大きくなるにつれて、知っていくのです。なにを見て知るのでしょうか？ すべてわたし達、大人達です。人種差別をなくさないで、子ども達に伝えているのは、わたし達なのです。子ども達の心から人種差別をなくし、汚れのない心に戻すために、わたし達は努力する義務があります」

ルビー・ブリッジズ

ドイツのナチス政権

　1933年から1945年まで、ドイツではナチ党（ナチス）と呼ばれる政党が力を持っていました。彼らは、人種で人々を分けることは良いことだと考えていました。ナチス政権では、「真のドイツ文化を守る」ためとして、さまざまな法律が作られました。例えばラジオでユダヤ人作曲家の音楽を禁止したり、アフリカ系アメリカ人やユダヤ人にルーツを持つとされるジャズを聞くことを禁止したり、展示されていたユダヤ人画家の作品を撤去したりしました。ユダヤ人画家の作品ではなくても、ユダヤ人に影響を受けた作品は「けがされた」として禁止にする場合もありました。

　一方で、第二次世界大戦が終わった後、ナチスの人々は禁止にした作品を盗んでこっそり楽しんでいたことが明らかになっています。また戦時中にも、多くの人々がばれないようにジャズの名曲を楽しんでいました。その中には、アメリカ人のファッツ・ウォーラーやユダヤ系のベニー・グッドマンなどのジャズ音楽もありました。

　ナチス政権は何百万もの人々を逮捕、処刑、虐殺しました。彼らはすべてのユダヤ人とジプシーと呼ばれる人々をこの世界から消してしまおうとしていたのです。ナチスが考える「良い人間」にあてはまらない人は誰であろうと強制収容所に送られ、死ぬまで働かされるか、もしくはそこで病気などにかかり死んでいきました。

▲第二次世界大戦後に撮影された子ども達の写真。彼らはアウシュビッツ強制収容所に収容されていた。

南アフリカのアパルトヘイト

　1948年から1994年にかけて、南アフリカでは「アパルトヘイト」と呼ばれる政策がありました。「アパルトヘイト」とは、「分離」を意味する言葉です。そこではすべての人が、生まれた時から自分がどの「人種」に属するのか決まっていました。そして、他の「人種」の人とは結婚することが許されませんでした。住む場所なども政府によって人種で切り離され、文化が交わることもありません。それに加えて、白人ではない人々は、さまざまな差別を受けました。住む家、教育、福祉ケアなど、白人のほうがより良いものが整備されていました。白人ではない人々は労働環境も悪く、それも生活が良くならない一つの理由になっていました。

　この政策に反対する内容のものは、本も映画も禁止されました。その中の一つに、ビバリー・ナイドゥーの『ヨハネスバーグへの旅』という子ども向けの本があります。ビバリーは、政府が定めた「別の人種」の人と結婚したため、南アフリカで生活できなくなりました。この本はイギリスで出版されましたが、南アフリカでは政府が禁止したため誰も読むことができませんでした。多くの人の長い苦難や闘いを経て、アパルトヘイトの政策は廃止になったのです。

▲アパルトヘイトの法律では、黒人の南アフリカ人はつねに「パスブック」と呼ばれる身分証明証を持ち歩かなければいけませんでした。これによって彼らの移動は制限されました。写真は、1952年にネルソン・マンデラが抗議の意味を込めて自分のパスブックを燃やす様子。

考えてみよう

差別とはどういうことか、なにか例を挙げることができますか？　もしあなたが、自分の宗教や肌の色を理由に学校に行けないとしたら、どうしますか？

わたしの体験

ベンジャミン・ゼファニア

ベンジャミン・ゼファニアは、詩人であり、小説家、脚本家、音楽家、パフォーマー、そしてテレビやラジオのプレゼンターでもあります。また、数多くのチャリティイベントや団体の後援者でもあります。

ジャマイカとバルバドスからやってきた両親

わたしの母はジャマイカから、父はバルバドスからやってきて、2人はイングランドで出会いました。母はまだ若い頃、ジャマイカで妹といっしょにポスターを見ていたそうです。そこにはこう書いてありました。「イギリスに来てください。母なる国を作る手助けをしてください」。それを見て、「試しに行ってみようよ！」と、母は国を出たのです。妹はジャマイカのセント・エリザベスにとどまりました。母を育ててくれた母の叔父が、チケットのためのお金20ポンドを母にわたしたそうです。母はそれを握りしめ、1957年にイギリスに向かいました。

わたしが大きくなってジャマイカを訪れた時、人々がイギリスとは全く違う生活をしていることがわかりました。彼らの生活はとても厳しいものでした。わたしのいとこや親戚達は、ハリケーンで死にかけたり、貧困に苦しんだりしていました。それを見てわたしは気づきました。もし母が1957年にイングランドに来る決心をしなければ、わたしの人生はもっと厳しいものになっていただろうと。

母は人々の良い面を見ようとした

「この国はすべてを与えてくれた」と母は言いました。わたしの母は、ジャマイカに戻ることは望んでいませんでした。別の国で暮らすジャマイカ人の中には、死んだ時にはジャマイカに戻って眠りたいという人々もいます。しかし母は違いました。彼女はジャマイカではなく、長年暮らしたイギリス・バーミンガムの町ウィットンで眠りたいと言いました。

わたしの母はそういう人でしたが、わたしが人種差別的な攻撃を受けていたことも母は知っていました。誰かが後ろからわたしの頭をレンガで殴ったこともあります。母は、そのようなことで大騒ぎするのがいやだと思っていました。「わたし達は外から来たゲストなの」と母はよく言いました。母は、わたし達はいずれみな天国に行って、そうすればすべてが良くなるのだと信じていました。たとえいやなことがあっても、いつも人々の良い面を見るようにしていました。

異なる背景を持つ人々が同じ場所でいっし

「難民についていつも思うことがあります。彼らが経験していることは、誰にでも起こりうるということです」

ょに生活することはよくあることです。でも、なにか小さなことでも悪い方向にいってしまうと、それはすぐに大きなニュースになります。ものごとがうまくいっている時には、誰もそのことを伝えようとはしないので、ニュースにはなりません。人それぞれが持つ「違い」はとてもすてきなことだと思います。この違いこそが、わたしがイギリス国民であると教えてくれます。それと同時に、大きな世界の市民の1人であることも教えてくれます。

それは誰にでも起こりうる

難民について考えるといつも思うことがあります。彼らが経験していることは、誰にでも起こりうるということです。その原因は戦争かもしれないし、災害かもしれません。

わたしはある時、数人の白人を、難民として受け入れたことがあります。彼らは比較的裕福でイングランドの湖の近くに住んでいたのですが、洪水が起こり、助かるためには手段を選べない状態でした。彼らはそれまで、難民の問題を自分のこととして考えたことがない人々でした。でもその後すぐに難民に対する考え方が変わりました。誰にでも起こりうることなのだと、身をもって感じたからです。

「難民というわたしたち」より

ぼくらは誰もが難民になる
安全な人は誰もいない
おかしなリーダーが一人いるだけで
めぐみの雨がないだけで
ぼくらは誰もが難民になる
ぼくらは誰もが追い出される
ぼくらは誰もが憎まれる
ただ「誰か」であることによって

ぼくらは誰もが難民になる
ときにはそれはたった一日でおこる
ときにはそれは一回の握手で
もしくは署名された一枚の紙切れで

ぼくらは誰もが難民だった
簡単にここに現れた人は誰もいない
苦労もなくここにいる人は誰もいない
変わりやすい空模様やいざこざを恐れて
なぜぼくらは生きなければいけないのだろう?
ぼくらはみなどこかからやってきた

ベンジャミン・ゼファニア

考えてみよう

「統合」、つまりばらばらだったものがいっしょになることはどういうことでしょうか? 数が少ないほうのグループが、数が多いほうのグループの人々に合わせることだという人もいます。でも考えてみてください。これまで移民の人々と生活したり、働いたり、学校で勉強している人々が、移民の文化を取り入れることがあったでしょうか?

あなたならどうする？

　想像してみてください。 あなたは兵士に、あなたの両親を殺すと脅されています。兵士は今まさにこちらに向かって来ようとしています。この状況でどうするか、あなたの家族に残された時間は1時間しかありません。

　誰が逃げるべきでしょうか。家族全員？それとも誰かを残すべき？ 赤ちゃんがいたらどうする？ おばあさんは？ なにを持って逃げる？ どこに逃げるべき？ そしてその逃げた先の目的地にたどり着いた後は？

　この状況で、あなたならどんな気持ちになるか考えてみてください。あなたは家族の一員で、でもこの難しい選択をするために残された時間はわずかしかありません。

　家族に命の危険がせまるという状況で、あなたならどうするでしょうか。考えるためのヒントとして、この家族にはどのような事情があるのか、もっと具体的にお話します。これをふまえて、あなただったらどのような選択をするか考えてみてください。友達などのグループで話し合うのも良いかもしれません。

家族の事情

　お父さんは地方の新聞社に勤めるジャーナリスト。お母さんは教育機関の事務所で働いています。子どもは3人。家には赤ちゃんがいて、男の子と女の子が学校に通い、おばあさんもいっしょに住んでいます。母の兄である伯父さんは、かつて政府に反するおこないをしたと見なされ、何年も捕まっていたことがあります。伯父さんは刑務所を出てから足に問題があり、うまく歩けません。家には1台の古い車があります。お父さんは地元のジャーナリストたちによる組合のリーダーをしています。

● 2か月前

　町のいたるところで戦車や武装車両が見られるようになりました。たくさんの人が殺され、逮捕されました。テレビやラジオも軍にのっとられ、インターネットや携帯電話の電波もすべてブロックされてしまいました。なにが起こっているのか、誰も知ることができません。

1か月前

軍が特定の人々を逮捕しているようです。政治家や作家、組合員など、どこかに姿を消した人々も多いと言います。

地元の新聞に、ある記事がのりました。そこには名前のリストがあり、骸骨と棺のマークがつけられていました。それは「国の敵」と見なされた人々のリストでした。その中には、お父さんと伯父さんの名前がありました。

3日前

家のドアのすきまから一枚のメモが入れられました。そこには、お父さんが「スパイであり、敵の組織だ」と書かれていました。棺と骸骨、縄と銃の絵も。そのメモには「母なる国の仲間より」というサインがありました。

2日前

見知らぬ人が伯父さんに電話をかけてきて、今すぐそこを出るようにと言いました。誰かが家を燃やそうとしているぞ、と。

昨日

家の近所の道路で兵士達が偵察をしていて、人々を逮捕していたそうです。数人の子ども達が、それを見たと学校で話していました。逮捕された人の中には、お父さんの組合のメンバーや、お母さんと同じ事務所で働く人も含まれていました。

今日

緊急の話し合いをするために、家族みんなが集まりました。あなたならどうするべきでしょうか？

お父さんは、伯父さんは難民として外国に逃げるべきだと言います。お母さんは、家族みんなでどこかへ逃げるべきだと言います。誰が逃げるべきなのでしょうか？

どのように逃げる？

1時間あれば車で国境までたどり着けます。でもその道のりは大変危険です。車を使わず歩くと、1週間もかかります。国を出るためには、砂漠を越え、危険な場所を横切って、深い森を抜けなければいけません。

なにを持って行く？

国境にたどり着けば、難民として支援を求めることができます。それまでに、なにか10個だけ持っていけるとしたら、なにを持って行きますか？ リストを作ってみましょう。

今

すぐ近くの道路で、兵士達がわたし達を探しているのが聞こえてきます。もう残された時間は10分しかありません。今すぐ準備をして、ここから逃げるのは今しかありません。

目的の国にたどり着いた時

あなたは国境警備隊員や入国審査官になにを話しますか？ 見せることのできる書類などは、これまでの道のりでなくしてしまいました。あなたが彼らに自分のことを話すと、彼らはなにかその証拠を見せるように言います。あなたならなにをどのように話しますか？

考えてみよう
あなたが難民として受け入れを求める時、あなたの話は信じてもらえるでしょうか？ なぜ信じてもらえる、または信じてもらえないと思いますか？

あなたはどう考える？

　この本の目的は、わたし達が投げかける疑問について、あなたに考えてもらうことだと最初に言いました。あなたへの問いかけ、そしてさまざまな人のお話もこれで終わりです。これまで読んできたこと、考えてきたことをふまえて、すべての人にとって守られるべき「人権」にはどのようなものがあるか、考えて書き出してみてください。

あなたの考える人権宣言

　世界人権宣言の最初の条項には、「すべての人間は生まれつき、だれもがみな自由でいつもわけへだてなくあつかわれるべきです」とあります。そして第2条はこうです。「あなたと同じ言語を話さなくても、あなたと同じ皮膚の色でなくても、あなたと同じ考え方でなくても、あなたと同じ宗教を信じていなくても、あなたよりも貧しかったりお金持ちだったりしても、あなたと国籍が同じでなくても、すべての人はここで述べたような権利や自由を持っています」。

　あなたはこれについて賛成ですか？　この世界で人間同士がお互いをどのようにあつかうか、さまざまな人がともに生きていくにはどうしたらいいのかを考えてください。それをふまえて、もし自分が人権宣言を書くとしたら、どんなことを追加したいですか？

　オミッド・ジャリリは、「地球は一つの国で、人類はみなその国の市民だ」と言いました。あなたが考えるこの世界、また、あなたが暮らしているこの社会はどんな場所だと思いますか？

これまで考えてきたことのおさらい

● あなたの国に入ってくる難民や移民に対して、その責任者が自分になったことを想像してみてください。ここで紹介した世界人権宣言は、1951年に、すべての国々が守るべきこととして国際連合が合意したことです。この声明をふまえて、あなたならどんなことをしますか。

● みんなが学校に通えない、大学や専門学校などに行けるチャンスがほとんどない、仕事が少ない、医療や福祉が整っていない……。もしあなたが住んでいる国がそのような状況で、あなたが国の責任者であったとしたら、どうしますか？

● 難民や移民について、テレビや新聞で見聞きすることからどのような印象を受けますか？

● 戦争や紛争は、人々が生まれ育った国を離れる大きな理由の一つです。各国の政府は戦争に対してなにができると思いますか？　また、なにをするべきだと思いますか？

- 移民の中には、生まれた国に戻りたいと思っていてもそれがかなわない人々がいます。あなたなら危険をおかしてでも戻りたいと思いますか？

- マズーンとマララが学校に行くことが大切だというのはなぜだと思いますか？ あなたはそれについてどう思いますか？

- 移民や難民が自分の国に入ってきてほしくないと思う人がいます。それについてあなたはどう思いますか？

- 国は、あるグループの人のためのものだと言えますか？

- 差別とはどういうことか、なにか例を挙げることができますか？ もしあなたが差別される国に住んでいたら、どうしますか？

- もしあなたが住んでいる国で、自分の宗教や肌の色を理由に学校に行けないとしたら、あなたはどうしますか？

- この本に出てきた人々の中には、彼らを受け入れてきた国に対して恩返しをしたいと語った人もいました。あなたが同じような状況にあるとしたら、どのように「恩返し」ができると思いますか？

国境を越えて移動するもの

国境を越えて移動するのは人間だけではありません。他にさまざまなものが国境を越えて行き来し、それらは人が移動する理由になることもあります。

例えば、**お金**です。お金は国境関係なく移動します。銀行などお金をあつかう機関で働く人々や、もしくはたくさんお金を持つ個人によって、お金は世界中を移動します。お金がどんどん別の場所に出ていってしまい、ある場所では足りなくなってしまうことがあります。するとそこでは、よりよい暮らしを求めて別の国に移動する人々が出てきます。

もう一つの例は**戦争**です。戦争によってものすごい数の戦車や爆撃機、爆弾などの武器が国境を越えて移動します。この本で見てきたように、戦争は、危険な地域から逃れようとするおびただしい数の難民を生み出します。

考えてみよう

お金や爆弾は国境を越えてどんどん行き来しています。人が国境を越えて移動するのを制限することは正しいと思いますか？

用語集

移住：もといた国や場所を離れ、べつの場所で暮らしていくために引っ越しをすること。

移民：もといた国を離れ、べつの国に移り住んだ人。その多くが、よりよい仕事や生活をもとめてべつの国に移る。

オスマン帝国：14世紀から20世紀のはじめまで存続したイスラム帝国。現在のトルコから、アゼルバイジャン、モロッコ、イエメン、ウクライナ、ハンガリー、チェコなどまで広がった。

議定書：協議をして決められたことが書かれたもの。とくに国と国のあいだで結ばれる取り決めの形。

憲章：重要なことがらに関するおきて。基本的な取り決め。【例】国連憲章

公平：すべてのものをわけへだてなくおなじようにあつかうこと。

語源、由来：ある言葉がもともとどういう意味をもっていたか。

差別：誰かを不公平にあつかうこと。とくに人種、年齢、性別など、その人が属するグループを理由に不当なあつかいをすること。

市民権：その国の「国民」「市民」として法的にみとめられた人がえられる権利。

人道的：人として守るべき道にかなうこと。人としての幸せや人権をまもること。

政治犯：政治的な罪を犯した人。政治的なおこないによって刑務所に入れられたり、罪を受ける人。

宣言する、公布する：重要な決まりごとを公式に発表すること。

タリバン：イスラム教原理主義の武装組織。アフガニスタンを軍事的に支配し、現在も政府との戦いが続いている。

徴用：国家や軍が人に強制的になにかの仕事をさせること。とくに戦争などの場合に使われる。【例】少年兵として徴用される

統合：二つ以上のものを合わせて一つにすること。この本では、異なる人種や異なる文化を持つ人々が同じ社会でともに生きることを指す言葉として使われた。

難民：紛争や迫害から逃れてきた人。

難民キャンプ：難民が暮らすために作られたキャンプ。

ノーベル賞：物理学、化学、医学生理学、文学、平和などの分野で「人類に最大の貢献をもたらした」人に贈られる賞。1901年に始まり、毎年受賞者が選ばれる。

迫害：弱い立場にある人を押さえつけて苦しめること。とくに人種、政治的信条、宗教などを理由に起こる。

ビザ：国がある人に対して一定期間の入国、出国、滞在などを許可した印。パスポートに記される。

偏見：実際の経験や客観的な理由に基づかない、かたよった見方や考え方。

索引

あ行

アヴシル，メルテム
（Meltem Avcil） 5, 30-31
アシスフィ，アクイーラ
（Aqueela Asisfi） 19
アパルトヘイト 39
アルメレハン，マズーン
（Muzoon Almellehan） 5, 16-17, 45
アンジェロウ，マヤ
（Maya Angelou） 35
移住 6-12, 24, 27, 35
移民 4-8, 10-11, 14, 18, 20-21,
23-27, 29, 31, 33, 35-36, 45
医療 12, 20, 44
エジル，メスト（Mesut Özil） 14
エドワーズ，エイドリアン
（Adrian Edwards） 7
お金 12, 18, 20, 29-30, 45
オバマ，バラク（Barack Obama） 26
オラ，リタ（Rita Ora） 33
恩返し 25, 45

か行

学校 12, 16-19, 22-23, 37, 44
飢饉 25
教育 7, 16-20, 39, 42
強制収容所 9, 38
軍、軍隊 9, 42
言語 20, 29, 34, 36, 44
権利 17, 22, 28-29, 44
抗議 20, 21, 26, 39
国境 4, 7, 11, 16, 18, 21, 25,
27, 43, 45

さ行

サッチャー，マーガレット
（Margaret Thatcher） 32-33
差別 30, 35, 37, 39-41, 45
シェイクスピア，ウィリアム
（William Shakespeare） 26, 34-35
仕事 7, 11-12, 14, 16, 20,
22-23, 27, 44
市民 9, 20, 23, 41, 44
シャイア，ワーザン
（Warsan Shire） 15
ジャリリ，オミッド
（Omid Djalili） 5, 22–23, 44
宗教 6, 11-13, 22-23, 26,
29-30, 39, 44-45
人権 5, 7, 21, 28-29, 31, 44
人種差別 37, 40
政治 6, 15, 25, 27, 30, 33, 37, 43
政府 12-14, 19-21, 39
世界人権宣言 4, 28-29, 44
ゼファニア，ベンジャミン
（Benjamin Zephaniah） 5, 40
戦争、紛争 6-7, 12-13, 16-18,
25, 27, 30-31, 44-45

た行

第二次世界大戦 6, 9, 25, 28, 38
タリバン 17, 19, 25
奴隷 24, 29, 35

な行

ナチス 38
難民 4-9, 12-13, 15-23, 25-26,
28-31, 33, 41, 43-45
難民キャンプ 16, 17, 18, 19
難民申請者 4, 5, 6, 20, 30, 31

は行

迫害 6-9, 12-13, 18, 22,
28-29, 37
ハッサニ，ナディア
（Nadia Hassani） 27
パッサレイ，グワリ
（Gulwali Passarlay） 25
ビザ 18, 20
病院 12, 14
平等 26, 28
貧困 7, 11-12, 35, 40

ファラー，モハメド（Mo Farah） 26
文化 4, 21, 23, 26-27, 32-34,
36-39, 41
法、法律 4, 6, 20, 28-29, 37-39
貿易 27
暴力 37

ま行

マリアンヌ，ガッサー
（Marianne Gasser） 15
密入国 4, 18
モア，トマス
（Sir Thomas More） 26

や～わ行

ヤング，アンネマリー
（Annemarie Young） 10-11
UNHCR 4, 6-7, 18, 20, 29
ユスフザイ，マララ
（Malala Yousafzai） 16-17, 45
ユダヤ人 9, 35, 38
養子 21
流罪 25
ローゼン，マイケル
（Michael Rosen） 8-9

47

【著者】

マイケル・ローゼン　*Michael Rosen*

児童文学作家、詩人。1946年イギリス生まれ。オックスフォード大学卒業後、BBCに勤務しラジオドラマやドキュメンタリー、児童教育番組の制作に携わる。1974年に *Mind Your Own Business* を出版。その後もとくに子どものための本を精力的に執筆し、著書は140冊にものぼる。邦訳された主な著書に、谷川俊太郎翻訳『悲しい本』（あかね書房）、『きょうはみんなでクマがりだ』（評論社）、『モーリーのすてきなひ』（フレーベル館）、『ペットのきんぎょがおならをしたら……？』（徳間書店）などがある。

アンネマリー・ヤング　*Annemarie Young*

作家。フィクション、ノンフィクションともに、子ども向けの本を多く手がける。また出版コンサルタントとしても児童書出版や初等教育に携わる。オーストラリアや南アジア、エジプト、ヨーロッパなど世界中を旅し暮らしてみたのち、現在はイギリス、ケンブリッジ在住。主な著書には *In the Garden*、*At the Park*、*What is Humanism? How do you Live without a god? And other big questions for kids* などがある。

【訳者】

小島亜佳莉　*KOJIMA Akari*

1991年福井県生まれ。龍谷大学国際文化学科卒、英サセックス大学国際関係学修士課程修了。編集者として出版社勤務。

企画編集　太田明日香
装丁造本　寺村隆史
イラストレーション　坂本伊久子

国際化の時代に生きるためのQ&A ①
移民や難民ってだれのこと？

2018年9月20日第1版第1刷　発行
2022年4月20日第1版第2刷　発行

著　者	マイケル・ローゼン、アンネマリー・ヤング
訳　者	小島亜佳莉
発行者	矢部敬一
発行所	株式会社 創元社

http://www.sogensha.co.jp/
本社　〒541-0047 大阪市中央区淡路町4-3-6
Tel.06-6231-9010 Fax.06-6233-3111
東京支店　〒101-0051 東京都千代田区神田神保町1-2田辺ビル
Tel.03-6811-0662

印刷所	図書印刷株式会社

© 2018, KOJIMA Akari
ISBN978-4-422-36004-1 C0336

〔検印廃止〕
落丁・乱丁のときはお取り替えいたします。

JCOPY 〈出版者著作権管理機構 委託出版物〉
本書の無断複写は著作権法上での例外を除き禁じられています。複写される場合は、そのつど事前に、出版者著作権管理機構（電話 03-5244-5088、FAX03-5244-5089、e-mail: info@jcopy.or.jp）の許諾を得てください。